生長の家ヒューマン・ドキュメント選

幸運を呼ぶ先祖供養

★

日本教文社編

日本教文社

幸運を呼ぶ先祖供養　目次

装幀　松下晴美

編者はしがき

この「生長の家ヒューマン・ドキュメント選」シリーズは、生長の家の信仰を持つことによって、人生を好転させた顕著な体験をした方々を紹介する小社刊行の月刊誌『光の泉』の「ヒューマン・ドキュメント」をテーマ別に精選編纂したものです。

本書は、特に先祖供養によって人生が好転した体験と、生命の永遠性を傍証する体験を収録しています。本書中の年齢・職業・役職等は、同誌に掲載された当時のもので、記事の初出年月は、それぞれの末尾に明記してあります。本書が、読者の先祖供養に対する理解を深め、一層の幸福生活のための導きの書となることを願って止みません。

日本教文社第二編集部

奇蹟をよぶ石屋さんの〝先祖供養のススメ〟

兵庫県　阪神石材社長　立本《たてもと》　一《はじめ》さん（70歳）

「人間は死んでも死なない生き通しの生命なんや。お墓は、先祖や亡くなった父母への最後の孝行や。大事にせなあかん」。墓石を注文に来たお客に先祖供養と父母への感謝の大切さを説く立本さん。その言葉に従って供養を始め、運命が好転し病気が治った人がたくさんいる。

通りに面して店があり、その後ろに作業場を兼ねた倉庫が建っている。店には見本の墓石や石碑、観音像が並ぶ。店の奥の、石造りの細長いテーブルが置かれた部屋に案内された。壁や柱のあちこちには、「先祖供養は子孫繁栄の基礎《きそ》となる」「祖先は根、親は幹、これを大切にするとき枝葉は栄える」などと書かれた短冊《たんざく》が掛けられている。立本さんはここでお客を接待し、事務を執《と》る。

「事務室の中に私の机を置いてあるんですが、ここの方が居心地《いごこち》が良くてね。やっぱり石の側《そば》が落ち着くんですわ」

と、笑った。時に立本さんは、墓石を注文に来たお客と何時間も話し込む。話は商売よりも「先祖供養が如何《いか》に大切か」ということの方がずっと長くなるという。

心が先祖に通じる

「両親には感謝せないかん。お墓は、先祖や亡くなった父母への最後の孝行や。大事にせなあかん」

立本さんは、注文に来るお客に、必ずそう話す。

あるとき、〝お墓をつくろうかなあ〟程度の軽い気持ちで来たお客がいた。立本さんは、いつものように、熱心に先祖供養の大切さを説き、墓の建て方や具体的な供養の仕方を教えた。お客は、納得したように帰って行ったが、翌日、すっ飛んでやって来た。

「何年も医者に通ってもちっとも治らなかった喘息《ぜんそく》が、お宅で話を聞いて帰ったら、全然出なくなった！　これはどういうことか」

石を愛し、先祖供養の大切さを説く立本さん。店の前で和子夫人と

と言うのだ。またある日、

「右手の甲に瘤《こぶ》が出来て痛い。主人は『手術して医者に切ってもらえ』と言うが、手術をすれば明日の法事に出られなくなるので、どうしようか迷っている」

という婦人が訪ねて来た。立本さんは、瘤のことには直接触れず、法事についてアドバイスし、「自分をこの世に生み出して下さった父母には、感謝しなければいけない」ということを話した。するとあくる日、「朝起きたら、瘤がきれいになくなっていた」という電話がかかってきた。

「こういうことがようあるんですよ。皆さんびっくりして、『なんでっ!?』って言ってくるんやけど、私らが何かしたわけじゃないでしょ。ただね、お客さんが話を聞いて、『先祖を大切にしよう』『父母に感謝しよう』という気持ちになった——その気持ちがご先祖に通じて治ったんと違いますか、というしか……ねえ」

と、妻の和子さん(67)。立本さんもうなずいて、

「先祖供養をすると、ご先祖が喜んで下さって、ご先祖とのつながりが深まるでしょう。そうすると、ご先祖の導きの波長とこちらの波長がピタッと合うんですよ。例《たと》えば、息

子がなんぼ出世してても、ちっとも報告に来んでいたら、親父は喜びようがない。それを人伝《ひとづて》に聞いたりすると、『なんで他人が知ってて、親には何も言わんのや』と逆に怒りだすかも知れない。けど、親を大切にして孝行しとったら、親父も喜んで、何かと援助してやろうということになる。先祖供養で運命が良くなるいうのは、そういうことなんですよ。けど、〝自分が繁栄しよう、儲《もう》けよう〟思うて供養してもだめです。真心には真心しか通じませんからね」

立本さんの言葉に従って、先祖供養を始めた人は多い。喘息が治ったお客も、すぐに墓を建てることを決めたそうだ。が、彼にはあまり予算がないという。

「予算がなければ、安いものでもかまへん。値段やない、あんたが心をこめて一所懸命供養しはったらええのんや、いうて話したら、喜んで、予算に見合った墓を建てて、供養を始められましたわ」

立本さんに救われた人は、お客ばかりではなく、出入りの業者の中にもいる。営業に来たある卸《おろし》業者から、「母親がテンカンで、どの病院に行っても治らず、困っている」と、相談された。

立本さんは、〝ああ、これは墓をきちんとしてへんのやないか〟と直感した。案《あん》の定《じょう》、「実家は熊本で、墓は潰《つぶ》してしまった。先祖の骨は納骨堂に納めてある」という。立本さんは、「それはいかん。ご先祖が満足してへんいうことや。おまはんは石屋やっててんねんから、自分で石塔をこさえなはれ」と諭《さと》した。

彼は、「わかりました、やります！」と応《こた》えて帰って行った。すると一ヵ月後、その人が墓を建て直そうと熊本に帰郷してみると、母親のテンカンはきれいに治っていたのだ。治った時期は、立本さんと話をした頃と、ぴったり一致した。

「決意すれば、瞬時にそれがご先祖に伝わるんですね。だから〝供養しよう〟という気持ちになることが大切なんですよ。こういうことがある度に、私も〝いい体験さしてもろた〟と思います。〝先祖供養の大切さ〟の証拠を、人様の体験を通して見せてもろてるわけですから。〝こういう商売だからそういうことができるんや〟いう人もおるけど、それやったら、石屋はみんな人を導けることになる。でも、そうはならんでしょ。私は生長の家の教えを知ってるおかげで、みんなうまいことといくんです」

生長の家はえらいとこや！

　立本さんが生長の家を知ったのは、樋上《ひかみ》キミ子さんが持って来た、一冊の『生長の家』誌*がきっかけだった。樋上さんは、立本さんの父・繁富《しげとみ》さん（昭和三十一年昇天）の弟子の娘で、生長の家の講師をしている人だ。その頃、立本さんのところで働いていた職人が、身体を壊して医者通いを始めた。が、なかなか治らず、立本さんは〝これは宗教的なものでしか治らないんやないか〟と思っていた矢先だった。さっそくその職人を、樋上さんのところへ相談に行かせると、樋上さんは、「宇治別格本山*の練成会*に連れて行く。費用は私がもつから」という。立本さんは、「いや、費用はこっちで出すから、連れてったってや」と、送り出した。

「そうしたら、あちこち悪うてフラフラしとった人が、シャキッと元気になって帰って来たんですわ。びっくりしましたわ」

　すっかり感心した立本さんは、糖尿病を患《わずら》っている親友を宇治別格本山の練成会に参加させようと考えた。

「休暇と二万五千円用意して来い」という立本さんの言葉に、親友は素直に従って、五日間の休暇をとり、言われた通りのお金をもってやって来た。

ところが話を聞くと、「俺一人で行かせる気か」と怒り出してしまった。生長の家の教えを知ってからは、穏《おだ》やかになり、人当たりも柔らかくなったが、立本さんも当時は血の気が多く、喧嘩《けんか》ばやかった。「お前の病気を治してやろう思うて言ってるんやないか」と、大喧嘩になった。

そこへタイミングよく現れた樋上さんの「あんたもついて行き」という一言で、立本さんも仕方なしに行くことになった。が、それが幸いした。十日間の練成会中、四日間の参加だったが、その間にたくさんの〝奇蹟〟を見ることになったのだ。胃ガンで苦しみ、ろくに食事が摂《と》れなかった人が痛みを訴えなくなり、人の倍のご飯を平らげた。歩けなかった人が歩けるようになった、などなど……。

「〝うわぁ、えらいがな、生長の家ってのはえらいとこや――!〟と、感激しっぱなし。昭和四十五年の六月やった。その翌月から、順番にうちの者を宇治にやりましたわ」

和子さん、長女の順子さん（44）に続いて、立本さんの義母・はなさん（平成二年昇天)、長男の秀典《しゅうすけ》さん(46)と、当時婚約中だった秀典さんの妻・寿美《ひさみ》さん(46)、店の従業員……と、七月から十二月までの間、毎月、交替で練成会を受けた。

生きているときと同じように

こうして一家中が生長の家の教えにふれ、新たな気持ちでスタートを切った明くる年の一月、立本さんは喀血《かっけつ》した。珪肺《けいはい》結核だった。洗面器いっぱいの血を、毎日吐《は》いた。従業員や親戚は「病院に行かな、死んでしまう」と慌《あわ》てたが、本人や家族は、「聖経《せいきょう》『續々甘露《ぞくぞくかんろ》の法雨《ほうう》』*に、『汝《なんじ》ら決して出血を恐怖すること勿《なか》れ……恐怖せざれば人間は出血にて死せざるなり』とある。悪いもんが出ただけや、大丈夫」と、平然としていた。

しかし、十日ほど経《た》つと立てなくなった。体内の血液が不足し始めたのだと思い、入院して治療を受けることにした。が、家では皆で『續々甘露の法雨』を読み、立本さんも日記に「調和、調和……」と書き連《つら》ねた。すると、喀血していても不思議に食欲は落ちず、次第に体力も回復してきた。

そして、入院して一月後《ひとつき》には、いくら検査しても結核菌が出なくなった。医者は、「七、八年は退院できないだろう」と言っていたが、その年の八月、半年あまりで立本さんは退院した。

「それっきりですわ。元々あまり丈夫やなくて、すぐ病気してましたのに、結核どころか風邪《かぜ》一つひかなくなりました。治してやろうと思って宇治へ連れてった親友は、亡くなりましたのにな」

親友は、どれほど〝奇蹟〟を見ても、「偶然だ」と、最期まで受けつけなかったそうだ。「縁がなかったんでしょうな」と言って、立本さんは続けた。

「私が生長の家と縁を結ばせていただけたんは、やっぱり先祖供養のおかげや。私を産《う》んだ母は、私が小学校一年生のときに亡くなりましてな。三年生のとき、育ての母が嫁いできたんです。心のどこかで、〝継母はしょせんは他人や〟と感じていて、寂しかったんやな。実母が恋しくて、墓参りをようするようになったんですわ」

先祖を大切にするということは、「何事もご先祖に聞いて決めること」だそうだ。

立本さんは、「立地条件はあまり良くないが、家から近い場所の墓を買いたい」と言

って来た人に、

「般若心経を写経して仏壇に供《そな》え、〃この場所でええですか〃と、聞いてみ。必ず答えて下さるから」

と、勧《すす》めた。その人がその通りにして、仏壇に向かって般若心経を誦《あ》げていると、頭をゴツンと小突《こづ》かれた。振り返っても誰もいないので、〃変だなあ〃と思いながら仏壇に向きなおると、また小突かれる。それで、〃ははあ、これは気に入らないんだな〃と思い、家からは遠いが、父親が気に入りそうな場所に墓を建てた。その人は、三年ほど経って、「おかげで、一家全員、幸福に暮らしている」と、お礼を言いにみえたそうだ。

立本さんも、墓を新しく建てたとき、無性《むしよう》に自分がその中に入りたくなった。〃まだ生きているのに、なんで墓の中に入りたくなるんや〃と、不思議だったが、〃ああ、これは親父の気持ちや。親父が『早くこの中に入れてくれ』と言うてきてるんだ〃と思い、

「来月の祥月命日《しようつきめいにち》に御霊《みたま》入れをするから、待っとって下さい」

と話すと、スーッと気持ちが収まった、という経験をしている。

「人間は、死んでも死なない。永遠生き通しの生命なんや。だから、生きているときと

同じように話しかけて、先祖が気に入るようにするのが、一番の供養や」

立本さんは、仕事を受けると、必ずその家族に、生長の家の信徒なら『大調和の神示』*を、一般のお客には『般若心経』を写経してもらい、墓の中に入れて頂くことにしている。

立本さんがどれほど誠意を尽くして仕事をしても、供養する家族の心がこもらなければ、何の意味もなさないからだ。


（平成六年八月号　取材／坪田真奈　撮影／中橋博文）


*『生長の家』誌＝生長の家立教時の昭和五年三月号から平成元年三月号まで発刊され、現在は『生長の家相愛会』などの生長の家会員向け月刊誌に受け継がれている。

*宇治別格本山＝巻末の「生長の家練成会案内」を参照。

*練成会＝合宿して生長の家の教えを学び、実践するつどい。全国各地で毎月行われている。お問い合わせ先は、巻末の「生長の家練成会案内」「生長の家教化部一覧」を参照。

*聖経『續々甘露の法雨』＝「人間神の子・病気本来なし」の真理がやさしく説かれ、神癒、治病等に霊験のある生長の家のお経。

*『大調和の神示』＝生長の家創始者・谷口雅春大聖師が昭和六年に霊感を得て書かれた言葉で、この全文は『甘露の法雨』『生命の實相』(第1巻)『新編　聖光録』『御守護　神示集』（いずれも日本教文社刊）等に収録されている。

嫁いだ家はガンの家系だった。絶望の淵で知った〝祈りの力〟

岩手県　主婦　南野静子《みなみのしずこ》さん（47歳）

嫁いだ家はガンの家系だった。十八年間に姑、祖母、夫、舅、叔父、祖父と六人の家族が亡くなった。そしてとうとう一粒種の娘までが血液のガンとも言われる「再生不良性貧血」との宣告。南野さんは絶望の淵で「生長の家」に出会う。講師の導きのままに「先祖供養」を行じ、いま、つつましいながらも母娘《おやこ》二人の生活に光がともり始めた……

ＪＲ盛岡駅から真西に車を走らせる。右手に岩手山、左手に雫石川《しずくいし》を見ながら二十分ほどゆくと、農家の点在する田園地帯に出た。種蒔《ま》きの時期らしく、畑を耕すトラクターの音がけたたましい。秋田県境に近い、岩手県雫石町。こぶしや桜に誘われて小道に出ると、一軒の大きな家につきあたった。三〇〇坪の敷地に十二部屋ある二階建て。三十坪ほどの納屋が二つ。裏手には田畑が広がっている。

この家の住人はたった二人。南野静子さんと一人娘の智恵子さん(18)だ。が、かつては、この家の広さにふさわしい十人の家族が一緒に暮らしていたという。

玄関口に現れた静子さん、色白で端正な顔立ち。笑うと整った白い歯がこぼれる。奥の十畳の居間で、静子さんから一枚の便箋を手渡された。

その便箋には姑、祖母、夫、舅、叔父、祖父と、亡くなった順に名前と命日、享年、病名が記されていた。姑の亡くなった昭和四十二年から、六十年の祖父の死までの十八年間に、六人が亡くなっているのである。そのうちの四人までが、卵巣癌、肺癌、肝臓癌、胃癌と、癌に冒《おか》された。現在、南野さん母娘以外にこの家の出身で残っているのは、嫁に行った夫の妹二人と、独立した弟の三人である。

静子さんは三十三年に南野家に嫁いだ。十六歳の時で、親が決めた結婚だった。

苦労の一端を――との問いかけに「苦労ですか……」と、静子さんは全てが辛《つら》かったかのように反問した。

嫁いだ家はガンの家系だった。絶望の淵で知った“祈りの力”

「供養していれば、必ずご先祖様が守ってくれるんです」と語る南野さん

夫の長右ェ門さんは昭和三十八年八月、交通事故で瀕死《ひんし》の重傷を負った。右足を腿《もも》から切断する寸前までいき、骨髄炎を併発《へいはつ》。五十二年に四十歳の若さで亡くなるまで十一回も手術を行うなど、リハビリや入退院を繰り返した。

夫の死もさることながら、病気がちの夫にかわって一家の生計をたてていた舅の勇蔵さんが五十六年五月に肺癌とわかった時は、二ヵ月、田圃《たんぼ》に出て泣いたという。それからまもなく、勇蔵さんは苦しみながら亡くなった。静子さんが頼りにしている人ほど早く死んでいくのだった。

不幸が続くなか、静子さんは八卦見《はっけみ》や占い師の所を歩いてまわった。

「みんなこの屋敷が悪いというの。どこかに小さなバラックでも建てて、チーコ（智恵子さん）を連れて逃げだしたかった……」

六十年一月には、祖父が胃癌で亡くなり、とうとう母と娘だけの二人きりの生活が始まった。静子さんは智恵子さんを一人前にするのを心の支えに、保険会社に勤め出した。

その智恵子さんの様子がおかしくなったのは翌六十一年三月のことである。当時、中学二年生の智恵子さんはバレー部に所属する快活な女の子だったが、三学期に入って、ものをもどすなどして保健室で休むことが多くなった。貧血状態が続いて顔色も青白く、バレーボールどころか、正規の体育の授業さえ受けられなくなった。入院して検査した結果は「再生不良性貧血」との宣告——。

「その病名を告げられた瞬間、まるで時間が止まったようで、ポカーンとしていました。なんで、なんで……。なに悪いことしたんだべ」

静子さんは相次いだ家族の病気から、医者のカルテも読めるくらいに、医学には精通していた。だから、その病気のこともよく知っていた。この病気は血液のガンとも言われ、骨髄からつくられる奇形（楕円）の赤血球が、次第に体を蝕《むしば》み始める。発病後、半年以内に死亡するケースが多く、現代医学ではまだ確実な治療法の見つかっていない難病だ。末期に至るまで微熱が出る程度で、顕著な症状は見られない。

「最後には高熱が出て、舌が焼けるように痛くなるんです。苦しむ前にチーコを殺して私も死のうと真剣に考えた。あのときは狂っていたんだ……。死ぬのは寿命だからしようがないが、苦しませたくなかったの……」

静子さんは声をつまらせ、小さな体を震わせた。

「なんにもしなかったね。朝食べた茶碗を洗う気力もなく、炊事場に一週間も置いたまま。会社にもいかず、炬燵《こたつ》の上でうつぶせていた……」

実家では静子さんが発狂するのではないかと心配し、母親が電話をよこしたり、姉が一人でいる静子さんの家に泊まりにきたりもした。

娘まで病に冒され、泣き伏す静子さんの姿は、雫石町の住人の涙を誘った。それから一ヵ月後の六十一年四月八日、近所に住む三人の老婦人が、見るにみかねてやってきた。近所に生長の家の講師で菅原孝子さん（54）という人がいるから、相談してみてはどうかというのである。

「神も仏もいるものかと思っていましたから、生長の家と聞いても、〝なーんだ、そんなもの〟と思っていました。でもその三人は、生長の家の信徒ではないのに、私達のために来てくれたの。なんぼか素直になろうと心に決め、話だけでも聞いてみようと……」

静子さんは、その三人に連れられて、その日のうちに菅原さんを訪れている。

菅原さんは、静子さんの第一印象を次のように語る。

「その時の顔といったら、幽霊のようでしたね。髪はボサボサで、化粧もしておらず、泣いておられました。イヤイヤながら連れてこられたようで、お辞儀したときも視線を合わせないんですね。話をする時もいつも畳の方ばかり見ているんですよ」

しかし、菅原さんの口から思わずついて出た、「チーコちゃんは死なないよ」との言葉に静子さんは初めて視線を上げた。

「菅原さんはニコニコ笑いながら、とても明るい顔してそう言ったの。それまで食べ物も、唾《つば》もなかなか喉《のど》を通らず、何か胸につかえていたのがスーッととれて、気持ちが楽になっていったの」

あとは催眠術にでもかかったように菅原さんの話のとりこになっていった。

「親のいうことを聞いて嫁いだらこの有様でしょう。だから親に責任があると思っていたんです。それが菅原さんから、〝お母さんは静子さんやチーコちゃんのことも心配するし、あんたの倍、苦しんでいるんだ〟と言われた時は……」

静子さんは再び声をつまらせ、一瞬、言葉を失った。静子さんの頬《ほお》に涙が伝わった。か細い手で目頭を押えるが、とぎれがちにしか言葉がでない。傍《かたわ》らにいた菅原さんが助け船を出した。

「家の人が次々に亡くなった話を聞き、これは先祖供養に問題があるのではないかと思いました。先祖は、木にたとえれば根であり、親は幹で、私達は枝葉にあたる。だから、運命を好転させるためにはその根にまず〝水〟をやることが必要です、とお話ししました」

その日の夜、菅原さんは南野家を訪れ、自分の考えが正しいことを知る。

「仏壇を見ると、亡くなった方が多いので、贈物や造花とかが山積みされているんですね。掃除をすると、仏壇の下から、みかんカスやりんごの箱やらがたくさん出てきましてね」

早速、仏壇を清めて、菅原さんは静子さんを促《うなが》し、聖経『甘露の法雨』*を二人で誦《あ》げ、先祖の御霊《みたま》を供養したのだった。

「ご先祖様にお願いして助けてもらおうと思ったの。チーコさえ生き延びてくれるならば、何でもやろうと思いました」

不思議に体に力が漲《みなぎ》ってきたという静子さんは、菅原さんに勧められるままに、四月十日から、盛岡市の生長の家岩手県教化部*で行われる生長の家練成会に参加した。

練成会最終日の三日目の朝、静子さんは不思議な夢を見る。

「金杯よりも光輝く草原にいたの。菜の花のような黄と白の花が水平線の彼方《かなた》まで咲いているの。私の兄弟や親がいて、歌を唄いながら、遊んでいる。それは嬉《うれ》しくて楽しくて楽な気持ちになったの。そしたら『ありがとうございます……』という起床の放送が入ったんです。もっとそこにいたいと思ったんだけど……」

苦しい日々を過ごしてきた静子さんの心に、初めて安堵感《あんどかん》をもたらしてくれた印象深い夢だった。

「この夢を見るまで、生長の家の真理を心底信じることができなかった」静子さんが、これを境に「人間神の子、本来病なし」の教えに素直に耳を傾けるようになる。

その日、静子さんは「祈り合いの神想観《しんそうかん》」*に出た。

「三十人ほどの見ず知らずの人が私達のために真剣に祈って下さったの。〝もう智恵子ちゃんの病気は治りました〟と。本当にありがたくて、合掌しながら、涙がとまりませんでした」

練成会からの帰り、娘の待つ病院へ駆けつけた。運転しながら、思わず好きな民謡を口ずさんでいた。このときの静子さんを目撃した人がいる。同じ雫石町に住む、古舘《ふるだて》リヱさん（54）だ。

「娘さんのことで静子さんは、泣いていると聞いていました。それが今度はニコニコしながら、運転しているんです。笑っているのを見て気が狂ったのかと思いました」

静子さんは智恵子さんに「健康な姿を描いていなさい」と話すとともに、枕元で聖経『甘露の法雨』のテープも聞かせた。

静子さん自身も毎晩、先祖供養を行うとともに、『神の全徳に包まれている神の子の智恵子は既に完全、健康なり』と、ことあるごとに祈り続けた。

一週間後、病院に行くと、医者が話があるという。それまで、何人の家族のことで医者から致命的なことを宣告されたことか。不安がよぎった静子さんは医者と会うのを恐れ、逃げ回っていたが、四月二十七日、偶然、病院の食堂で医者と顔を合わせた。

「いや、やっと会いましたね。この間、血液検査すると、不思議なことに奇形の赤血球がなくなっているんです。まだなんともいえませんが、鉄分をいま輸血しており、いい方向に向かっていますよ」

静子さんは耳を疑った。が、傍らには可愛らしく笑う智恵子さんがいた。

そのうち、外泊許可も出るようになり、五月九日、智恵子さんは五十日間の入院生活を終えて、退院した。

「明日、退院してもいいと言われた時は心臓がドキドキしてね。退院したその足で、智恵子を連れて生長の家岩手県教化部にお礼に行きました。皆さんが拍手して喜んで下さった光景は、一生忘れないでしょうね」

智恵子さんは退院後、初めて病名を知り、目を白黒させていたという。すぐに学校に復帰、バレー部にももどることができた。

医学上、血液が正常に復し、完治した例は殆《ほとん》どまれにしかないと言われている。

快癒のニュースは、クチコミで町じゅうに広がった。「生長の家の教えには何かがあると思いました」（上和野《かみわの》公子さん・54歳）などと生長の家に関心を持つ人が続出。雫《しずく》石町（人口一万九千人）には、智恵子さんの退院当時、七人の生長の家の信徒しかいなかったのが、菅原さんの伝道も相俟《あいま》って、平成元年四月現在で信徒数は三六四人に膨《ふく》れ上がっている。

家のまん中を貫く廊下に面して仏壇がある。その前に静子さんと智恵子さんが並んで正座している。夜も十時を回り、蝋燭《ろうそく》の光に二人の白い顔が浮かびあがる。

しんと静まりかえる広い屋敷に、静子さんと智恵子さんの一つになった読経の声が響く。母娘《おやこ》は一日も欠かさず、聖経『甘露の法雨』の読誦《とくじゅ》を行っているという。

静子さんは早朝四時におきて、出勤前に二・三ヘクタールの田をトラクターで耕したり、畑の野菜の手入れをすることもある。盛岡市の保険会社から帰るのは夜の九時ごろでクタクタのはずだが、どんなに遅くなっても仏壇の前に座る。

「聖経読誦*」は、生長の家では、いわば先祖供養の大きな柱。これによる功徳は計り知れず、いろいろな体験が生まれているが、静子さんにも、いくつかのエピソードがある。

たとえば昭和六十三年の十一月。盛岡市で車同士で衝突、エンジン部分が大破したが、静子さんはかすり傷一つ負っていなかった。エンジンはとまったが、かけていた聖経『甘露の法雨』のテープだけが聞えていたという。また、その年の冬は大雪がこの地方を見舞った。男手がない南野家では、家がつぶれるのではないかと近所の人が心配した。ところが会社から帰った静子さんが屋根を見ると雪がない。亡き夫の妹が、南野さん母娘が屋根から落ちて骨を折るさまを夢で見て、ご主人を雪下ろしに行かせたのだという。

「ご先祖様が夢で知らせてくれたんだ。チーコが良くなったあとも、いろんなことがあったけど、供養していれば、必ずご先祖様が守ってくれるんです」

静子さんはそう言いきった。

現在、智恵子さんは高校三年生。趣味はスキーで、活発な女の子に成長している。

「この子がいるから、ここまでこれたんでしょうね。智恵子も病気が治っただけじゃないんです。生長の家の青年の集まりに顔を出すようになってから、わがままなところがとれましてね。心の底では感謝してくれていることがわかるんです」

いま、静子さんは最高に幸福だという。

「私ね、南野に来てからというもの、恨んでばかりいたの。でも、今思うといろんなことがあって自分の我《が》にブレーキをかけれるようになったし、強くなったの。〝たとえどんな問題が来ても、必ず明るい日が来る〟と娘にいつも言っているんですよ」

晴れ晴れとした笑顔がそこにはあった。

南野さん母娘が聖経を読誦している姿を見つめていた菅原さんが、そっとささやいた。

「ご先祖様はどんなに喜んでおられるでしょうね。静子さんがこの家に来たことにより、南野家の因縁《いんねん》は清められたと思うんです。これから、もっと幸福がいっぱい来ますよね。それを私はじっと見守っていきたいですね」

母娘二人のささやかな暮らしながら、家に光がともった。その光がいつまでも消えないように、そう祈りながら、雫石町を後にした。

（平成元年八月号　取材／渡邊隆　撮影／紀善久）

＊聖経『甘露の法雨』＝宇宙の真理が分かりやすい言葉で書かれている、生長の家のお経。

＊教化部＝生長の家の地方における布教、伝道の拠点。巻末の「生長の家教化部一覧」を参照。

＊「祈り合いの神想観」＝病気や様々な悩みを抱えた人のことをお互いに祈り合う行事。神想観とは、生長の家独得の座禅的瞑想法。

＊聖経読誦＝生長の家のお経を読むこと。

先祖供養で夢かなう。結婚七年目で子宝に……

富山県　公務員　竹内寿実《たけうちとしみつ》さん（42歳）

竹内夫妻が結婚したのは昭和五十二年。夫は妻をいたわり、妻は夫に素直に尽くす仲睦《なかむつ》まじいカップル。にもかかわらず、なかなか子宝に恵まれなかった。「子供がほしい」——年を重ねるごとに、加代子夫人の気持ちは募る一方だった。真剣に、切実に、「どうしたものか」と考えた竹内さんは、まず第一に、心静かに祈り、神の御心を聴こうと決心した……

「子供がほしいわ……」。妻の加代子さんが、ポツリと言った。

「そうだね。そろそろ子供がいてもいいよね。大丈夫。神様は適当な時期に、必ず授けて下さるから」

加代子さんを気遣《きづか》うように、竹内さんは、明るく言った。昭和五十二年に、夫となり妻となって、五年が過ぎ去ろうとしていた。

結婚してからの加代子さんは、「家庭の中心は夫である」と、竹内さんを心から尊敬し、「素直にハイ」を実践して、夫のために尽くしてきた。竹内さんも、そんな優しい気持ちに応《こた》えて、加代子さんをいたわってきた。誰が見ても仲睦まじい似合いのカップル。

子宝には恵まれずにいたが、生長の家の教えで強く結ばれている夫妻には、〝必ず子宝が授かる〟という信念があった。

人生って素晴らしい

竹内さん夫妻は、生長の家の信仰を通して知り合い、結婚した。
「純粋で、素直なところに惚《ほ》れました」（竹内さん）「一緒に青年会*の活動をするうちに、自然に〝私はこの人と結婚するんだなぁ〟と思うようになりました」（加代子さん）
竹内さん二十五歳、加代子さん二十四歳のときである。
竹内さんは、新潟大学を卒業してすぐに、生まれ故郷の富山県朝日町に帰り、町役場

郵便はがき

料金受取人払郵便

赤坂支店
承認
5245

差出有効期間
2020年3月
31日まで

107-8780

235

東京都港区赤坂
9-6-44

日本教文社

愛読者カード係行

ご購読ありがとうございます。本欄は、新刊やおすすめ情報等のご案内の資料とさせていただきます。ご記入の上、投函下さい。

(フリガナ)

お名前 男・女／年齢 歳

ご住所 〒

都道府県 市区町村

電話 ( ) e-mail @

ご職業 ご購読新聞・雑誌名

よく使うインターネットサービス名

下記の小社刊の月刊誌を購読されていますか。

□いのちの環 □白鳩 □日時計24

(見本誌のご希望 □いのちの環 □白鳩 □日時計24)

・新刊案内 □希望する ・おすすめ情報の案内 □希望する

・図書目録 □希望する ・メルマガ(無料) □希望する

愛読者カード

今後の参考にさせていただきます。本書のご感想・ご意見をお寄せ下さい。

◇今回ご購入された図書名

◇ご購入の動機

1. 書店で見て
2. インターネットやケータイサイトで
3. 小社の案内を見て
4. 小社の月刊誌を見て
5. 新聞広告を見て（紙名　　　　　　）
6. 人に勧められて
7. プレゼントされた
8. その他（　　　　　　）

◇ご感想・ご意見

*いただいたご感想を小社ホームページ等に掲載してもよろしいですか?

□はい　□匿名またはペンネームならよい（　　　　　）　□いいえ

◇今後お読みになりたいと思う本の企画（内容）や作者

◇小社愛読者カードをお送り下さるのは今回が初めてですか。

□はい　□いいえ（　　回め）

◆ご注文カード◆

書　名	著者名	定価	冊数

*ご注文は電話、FAX、e-mail、ホームページでも承っております。

*国内送料：一件2000円（税込）以上＝送料無料、2000円（税込）未満＝送料210円

◇ご記入いただいた個人情報は、小社出版物の企画の参考とさせていただくとともに、ご注文いただいた商品の発送、お支払い確認等の連絡および新刊などの案内をお送りするために利用し、その目的以外での利用はいたしません。

日本教文社

TEL03-3401-9112　FAX03-3401-9139

https://www.kyobunsha.co.jp

*アンケートはPCやケータイ、スマートフォンからも送ることが可能です。

左から竹内さん、長男・雅輝君、加代子夫人、次女・寿美さん、長女・志織さん。夫妻は生長の家の“ほめる教育”を実践している

の職員になった。加代子さんは、朝日町に隣接する黒部市の出身。家業の呉服屋を手伝ってきた。当時、二人とも地元の生長の家青年会に所属し、仕事を終えると、仲間とともに夜遅くまで熱心に伝道活動を続けていた。結婚して黒部市に居を構えてからも、竹内さんの伝道活動に対する意欲は、衰えることはなかった。加代子さんは、仕事にも伝道にも全力を注ぐ夫を支えながら、青年会活動に熱を入れた。

竹内さんを生長の家へと駆《か》り立てたきっかけは何なのか。竹内さんが大学一年のときのこと。友人が一冊の本を貸してくれた。表紙には『生命《せいめい》の實相《じっそう》』*とある。

〝不思議なタイトルの本だな〟

そう思いつつ、読んでみると、「〝世の中に、こんな素晴らしい本があったのか。自分が求めていた真理はこれだ！〟と実感しました」

実は中学一年のとき、竹内さんは、実家から少し離れた火葬場で、遺骸《いがい》を竹の棒でつつきながら燃やしている光景を遠くから目にしたことがあった。当時この地方では、コンクリートの台に寝かせ、薪《まき》や藁《わら》をかぶせて荼毘《だび》に付したという。以来、竹内さんは、〝人間は灰になるために生まれてきたのか。何とはかないものだろう〟との思いにとらわれてきた。

「しかし、『生命の實相』には、〝人間は神様がお創《つく》りになった完全円満なる神の子である。人間は単なる肉体ではない。その本質は生命で、永遠生き通しなのだ〟と、人間を肯定し、讃《たた》えてあるのでビックリしました。さっそく私は、全四十巻を購入して一気に読み上げました。読み進むうちに、人生観がグラリと変わっていきました」

竹内さんは、このときを境に明るく積極的になった。生長の家青年会に入会し、聖経読誦や神想観の行《ぎょう》を通して、少しでも神のみ心に近づこうと努めてきたのである。

加代子さんはと言えば、熱心に生長の家を信仰する母親のもとで、〝人間・神の子〟の教えを素直に受け入れていった。

先祖と〝心の交流〟を

竹内さん夫妻が父と母になることを望んでいたように、両家の両親も、それぞれ孫の誕生を首を長くして待っていた。

「心の奥底に〝必ず授かる〟という信念はあっても、現実に目を向けると、実際、子供はいない。現象世界に振り回されましたね」と、加代子さんは当時を振り返る。

「結婚して五年が過ぎた頃から、切実に〝子供がほしい〟と考えるようになりました。確かに、主人も私も青年会活動に夢中になっていたので、〝子供がほしい〟という気持ちはあっても、あまり真剣に考えたことはありませんでした。でも、その頃、主人の実家で暮らすようになってから、周囲の声が気になり始めたのです」

黒部市では、二人きりの新婚生活だった。が、竹内さんの実家に戻ってからは、舅・姑と同居生活である。加代子さんは、舅・姑と顔を合わせるたびに、「跡継ぎは、まだなの？」と聞かれるようになった。そのたびに加代子さんは、返す言葉もなく、努めて笑顔で振舞《ふるま》ったが、一人になると、「子供のできない自分がふがいなく」、幾度《いくど》となく涙が頬《ほお》を伝った。

「私は子供が大好きなんです。でもできない。それに、昔だったら、一般的に、結婚して子供ができないと実家に返されたりもしたでしょう。じれったいよりも、悲しい気持ちやら不安な気持ちが交錯《こうさく》して、わけもなく涙が止まらなくなることもありました」

加代子さんは、一人で何度も地元の氏神様に足を運んでは、〝すでに良い子を授かりました。有難うございます……〟と祈り続けた。実家の母親も心配して、神戸市にある本住吉《もとすみよし》神社*に出かけて行って、一日も早く子宝が授かるように祈ってくれたという。

〝早く孫の顔を見せてあげたい〟

そう願う加代子さんの気持ちとは裏腹に、一向《いっこう》に妊娠の兆《きざ》しは見られなかった。

加代子さんは意を決して産婦人科で検査を受けた。竹内さんには内緒《ないしょ》である。結果は「異常なし」。竹内さんに、加代子さんは言った。

「私は病院で診《み》てもらいましたが、どこも異常ないと言われました。原因はあなたにあります。病院で診察してもらってはどうですか」

いつもの竹内さんの柔和な顔つきが、険《けわ》しくなった。

「何を言うか。僕は絶対、病院なんか行かないぞ。死んでもそんな恥ずかしい検査は受けるものか！」

そう言ったものの、竹内さんも「子供はほしい」。〝しかし何故《なぜ》できないのだろう〟と、頭の中で、いろいろ考えを巡《めぐ》らせていたが、

〝迷いが生じたときは神想観だ〟

と、竹内さんは、思い直した。

目を閉じ、正座合掌して、心静かに祈っていると、心の中に、最近、読んだ『人間そのものの発見とその自覚*』が、ふと浮かんできた。続いて、最後の章の「人類の運命を決するもの」に書かれた内容が思い浮かんできたのである。

祈りを終えて、竹内さんは、もう一度、その箇所を読み直した。

そこには、「運命の三分の一は前世《ぜんせ》での業《ごう》によって決定している。残る三分の一は、自分がこの世に生まれて来てから努力することによって良い方へ転ずることができる。残りの三分の一は霊界における高級霊の導きによって運命が変わる」というようなことが書かれてあった。

高級霊とは、「人間が肉体を脱して霊界に行って、それを何回も繰り返して、更《さら》に霊界において修行をして、それで高き位置にいる霊なのです」(210頁)とある。

「私たちの心が高級霊の心に通じて愛念を受けるならば、運命の修正がある程度可能だと言うのですね。ご先祖様の中には高級霊の方々もいらっしゃるでしょう。よい子孫が生まれて繁栄していくのを望まないご先祖様はいないと思いますから、諸霊の方々の心に触れるためには、ご供養することがまず第一だと思いました。子供には、ご先祖様の霊魂も大いに配慮して下さることが分かったのです」

「先祖供養を意識的に行っていなかったことを反省した」竹内さんは、『甘露の法雨』の千巻読誦を決意すると、役場や自宅で暇を見つけては繰り返し読んだ。

その熱心な姿に心を動かされた加代子さんも、後に続けと、千巻読誦を始めた。

就寝前には、祈り合いの神想観も実践した。互いに向かい合って相手に宿る神の生命を拝み、本来、一つの生命であることに感謝の手を合わせた後、「神様、すでに素晴らしい〝神の子さん〟を授かりました。有難うございます」と祈り続けた。すると、竹内さんが四百四十五巻目を誦《あ》げ終え、加代子さんが二百巻を越えた頃に、妊娠の徴候《ちようこう》が現われた。

竹内さん夫妻は、親になれる喜びをかみしめながら、いっそう聖経読誦に力を入れた。

喜びを分かち合う

昭和五十九年、長女・志織《しおり》さん（小三）が誕生。結婚して七年目、ようやく待望の子宝に恵まれ、喜びもひとしおだった。翌年には次女・寿美《ひさみ》さんが、その翌年には長男・雅輝《まさてる》君が次々に誕生した。

三人ともに天真爛漫《てんしんらんまん》。生長の家の〝褒《ほ》める教育〟を実践する両親のもとで、無限力を発揮している。勉強だけでなく、校内の水泳記録会、読書会、写生大会などで、それぞれ賞をもらい、また県や町主催の書道展、美術展でも優秀な成績を収めている。

三人の子宝に恵まれた竹内さんは、子供ができずに深刻に悩む夫婦にアドバイスを贈ったことがある。平成二年のこと。結婚して三年経《た》つ三十五歳の同僚に、竹内さんが話しかけた。

「今晩、空《あ》いてるかい。子供を授かる良い方法を教えてあげるよ」

その日の勤務を終えた竹内さんは、奇妙な顔をしている同僚を連れて、さっそく近くの産土《うぶすな》神社に参拝に行った。

「お前は合掌して目を瞑《つむ》っておけ」

とだけ言うと、竹内さんは瞑目合掌して、「招神歌《かみよびうた》」*を、朗々と唱《とな》えた。

「生きとし生けるものを生かし給《たま》える御祖神《みおやがみ》……」

そして、「ぜひ、彼に子供を授け給え」と祈った。同僚は、「思いもよらぬ出来事に、いささかビックリした」そうだ。同僚の自宅へと移動すると、

「我々は、ご先祖様、両親を通して神の生命をいただき、この世に生まれ出ることができたのだから、ご先祖様を供養し、両親に感謝することは大事なんだよ」

と、ゆったりとした口調で話して聞かせた。さらに、仏壇の前に二人で座って『甘露の法雨』を誦《あ》げ、「必ず決まった時間に、毎日、欠かさず誦げること」を約束させた。

「二〜三ヵ月で徴候があったのですが、残念なことに流産してしまったのです。夫妻はショックを隠せませんでした。私は、自然流産児は高級霊であることを話し、尚いっそう心を込めて聖経を読むように励ましました。すると、すぐに小さな生命がお腹の中に宿ったんです。私も嬉《うれ》しかったですねぇ。きっと私の言うことを素直に受け止めてくれたから、神様がプレゼントして下さったのでしょうね」

平成四年三月、夫人は玉のような男の子を出産したという。

結婚して八年間、子宝に恵まれなかった三十五歳の同僚に対しても、放っておけなかった竹内さんは声をかけた。半年後、夫人に妊娠の兆《きざ》しがあり、翌五年八月に元気な女

の子が生まれている。
「いま思えば、私って負けず嫌いのところがあるから、夫を中心に据《す》えて尊敬しながらも、知らず知らずのうちに心のどこかで、夫と対抗しようとしていたのかも……それが神様のみ心に叶《かな》わなかったのかもしれませんね」（加代子さん）
「我が子と言えども、神様からの預かりもの。三人それぞれの、神様から与えられた天分が見つかって、世のため人のために働けるようになるまでは、しっかりお手伝いをしていきたいと思います」
三人の子供を見つめる竹内さん夫妻の温かい目差《まなざ》しは、同じ子をもつ親として、印象深く心に焼きついた。

（平成六年六月号　取材／川越格　撮影／堀隆弘）

＊青年会＝生長の家青年会。生長の家の青年男女を対象とし、生長の家の真理を学び実践する会。
＊『生命の實相』＝生長の家創始者・谷口雅春著、全四十巻、日本教文社刊。
＊本住吉神社＝谷口雅春大聖師が立教前によく参拝されたという由緒ある神社。
＊『人間そのものの発見とその自覚』＝谷口雅春著、日本教文社刊。
＊「招神歌」＝神想観の実修の時に唱える歌。

先祖供養で運命好転。
先祖は〝生活の知恵〟の供給源

宮城県　大沼塗装店社長　大沼《おおぬま》　進《すすむ》さん（45歳）

少年時代、父親の事業倒産で家族は離散した。やがて、兄も事業に失敗し、父親と同じ道をたどる。「どうして、みんな落ちていくのか？」後年、その原因を生長の家の教えによって諭《さと》された。供給源である根（先祖）が断ち切られていると、幹（親）、枝葉（子）は枯れる。「先祖供養」ができたとき、大沼さんの運勢は大きく変わった。

平成四年の九月、突然大きな仕事が舞い込んだ。「天皇・皇后両陛下が山形国体のあと、松島町磯崎の〈かき処理場〉へ見学に来られる」というので、急遽《きゅうきょ》、処理場の改修工事が行われることになった。急の話とはいえ、仕事を任せられ、大いなる光栄に浴した。大沼さんにとって、一世一代の大仕事となり、下請けまで総動員して延べ二十日余りで首尾よくやり遂げ、関係者からも高く評価されたのである。

辛《つら》い少年時代を送る

松島町と聞いて真っ先に思い浮かべたのは、いくつもの松島が点在する優美な風景であった。「そのけしき窅然《ようぜん》として、美人の顔《かんばせ》を粧《よそお》ふ」と芭蕉は『おくのほそ道』にその感動を記している。そのような所で生活をしている大沼さんを羨《うらや》ましく思ったりもした。

東京から仙台経由で松島駅まで二時間三十分程で着く。駅舎を出ると目の前に松島タワーがそびえ、潮の香りも微《かす》かに漂《ただよ》っている。

「遠いところご苦労さまです」と大沼さんは、すぐに私たちを確認し、笑顔で出迎えてくれた。距離《へだたり》を感じさせない、素朴で気さくな感じのする人。その第一印象を、私は二日間の取材を終えて、別れしなに手を差し伸べられた時、いっそう強くしたのだった。

現在、大沼塗装店は六人の従業員を抱えているが、「うちの職人さんは皆さんから、よく働き、いい仕事をするとほめられるんですよ」と、大沼さんは誇りに思っている。仕

「先祖供養ができたとき、事業の流れも全く変わりました」と大沼さん。松島海岸にて

事のエリアは地元のほか、仙台市内をはじめ宮城県全域と広範囲にわたる。不景気の影響もなく、年間を通じて忙しい。

とはいっても、これまで様々な辛酸《しんさん》を嘗《な》めてきた。

大沼さんは、昭和二十二年八月一日、石巻市《いしのまきし》で八人兄弟の四男として生まれた。当時では珍しい三階建ての大きな家に住んでいた。父親は塗装業のほかに家具や仏壇の上塗りの仕事をする一方、クリーニング店まで経営していた。大沼少年は中学へ入ったころ、人手が足りないという理由で時々学校を休ませられ、仕事にかりだされた。

「一週間も休んで学校へ出ていくのがとても恥ずかしく、ずいぶん辛い思いをしました。勉強の成績どころか、出席日数を満たすだけの状況でした。でも、本は好きだったんです。とくに歴史小説が好きで、よく図書館から借りて、授業中、教科書に挟んで読んだりしましたね」

三年に進級した時、家運が傾く。倒産間際《まぎわ》、長兄は父親と衝突して家を出た。次兄も出た。家財道具は赤紙を貼《は》られ、借金だけが残った。そして一家は散りぢりになった。多感だった大沼少年は、先に家族の元を離れた長兄を心の中で憎んだ。しかし、その剛《つよし》さん（60）とも、今はすっかり和解している。

事業に失敗して丸裸になった親子はその後、石巻を出て、鹿島台町《かしまだいまち》で塗装の仕事を始めていた長兄を頼った。大沼さんは高校進学をあきらめ、長兄の下で借金返済のためしばらく無給で働いた。剛さんは、父親に負けず劣らず多くの職人を使い、広範囲に仕事をしていた。

やがて、成人した大沼さんは責任者として仕事を取り仕切るようになる。だが、昭和四十八年、第一次オイルショックのあおりで兄の会社が左前になった。

「私が独立を決心したのはその時です。人員整理をしなければやっていけない。話し合いの結果、下の職人をやめさせるのは、かわいそうだということで、私が会社を出ることにしたのです」

結婚して間もない二十六歳のころである。当ては何もなかった。妻の親戚の世話になったり、食いつなぐのがやっとの、危なっかしい船出であった。

神様は自分の中にいた

「私は養子なんですよ。家付きの」

と、悪戯《いたずら》っぽく笑う。

「女房の家で私は大事にされましたし、いかに自分の家族が、自分勝手に生きていたかと、ずいぶんいろいろなことを教えられました。すばらしい家庭でしたね」

千恵子さん（49）を見つめ、しみじみとした口調で、感謝を伝える。

「家族がばらばらになり、その悔《くや》しさがありましたから、とにかく人には絶対負けたくないという気持ちで来ました」

だが、草創期のころは、思うように仕事が回ってこなかった。家でごろごろしている日が何日も続く。〈何とかしなければ〉と焦燥感はつのる……。

ある日、注文がきた。ところがこんな失敗をした。個人宅の塗装を頼まれ、軒先にかかっていたつばめの巣を落としてしまったのである。巣は、松島周辺では福の神として大切にされているそうだ。主《あるじ》が「落とさないでください」と言ったのを、「落として」と聞き違いをした。主は怒った。何度も平謝りしたが主は耳をかさない。大沼さんはしだいに腹が立ってきて、仕事を中止しようと思ったが、「次のことを考えて最後まで完成させなさい。代金はもらわなくてもいいじゃないか」という知人のアドバイスもあって、黙々と仕事をやり遂げた。その気持ちが主に通じたのか、別の仕事も紹介してくれるようになった。

「けんかをして途中でやめていたら、レッテル貼られて、商売はダメになっていたでしょうね」

これを契機に、大沼さんは商売のコツというものを知ったという。それから事業は順調に拡がり、順風満帆《まんぱん》できた。しかし、〈ただ仕事をし、金を儲《もう》けるばかりでなく、何か別のものがあるのではないか〉と、満たされないものが、いつも心のうちにあった。

平成三年、大沼さんはある人の勧《すす》めで、隣町の鹿島台神社に参拝するのが習わしになった。半年過ぎたころ、宮司の岡田英彌さんと顔見知りになる。それが「生長の家」にふれるきっかけとなったのだ。

「お茶をごちそうになって、帰りに『生命の實相』の第一巻をいただいたんです。最初に、〈汝《なんじ》ら天地一切のものと和解せよ〉と書かれてあったんです。読んでいくうちに、もっと先が読みたくなった。それで全巻買い求めて、夜、眠るのも忘れて読み耽《ふけ》りました。いままで神様は外にあって、それに向かって拝んでいましたから。ところが神様は自分の中にいたんですね。〈人間本来神の子〉というのがいちばん驚きました。それからは、お父さん変わったね、と子供からも言われます。家族のトラブルも一切なくなりました」

千恵子さんから見た大沼さんの評価は、

「とにかく、仕事は几帳面で一所懸命する人でしたが、がんこでした。仕事で何か問題が出ると、すぐ私に八つ当たりをするんです。生長の家にふれてから、それもなくなって、よく人の話を聞くようになりましたね。ものすごく家の中が明るくなりました」

「いちばん暗くしていたのは、私だったんですね」

と大沼さんは照れ笑いをする。

家族全員が「生長の家」の教えにふれて、誰も彼もが変わった。そして、朝晩かかさず親子で『甘露の法雨』を読み、神想観を行うという。

そこで、大沼さんに「生長の家」を紹介した岡田さんを訪ねることにした。夫妻は私たちを喜んで迎えてくれた。

「大沼さんは毎月一回必ずお参りに訪れられて。そんなに熱心な方なら、私、会いたかった。それで家にあがっていただきました。その折りに、いろいろ神様の話をしたんです」と、きよゑさんは、大沼さんとの出会いを話す。

夫妻は平成元年に、講師の清水正一さんを介して、「生長の家」を知った。

「きっかけは長男の病気でしたが、岡田家は代々養子縁組の家系で、調べていくと水子とか、いろいろわからないものが出てきたんです。それで先祖供養の重大さがはじめてわかりました。生長の家の良さが確信できたので大沼さんに紹介したんです」

きよゑさんはリンとした声で言った。

「自分の信仰に対して、やはりこれだというものがないと、人は導けないんですね。こういうすばらしい方を通じて、教えに導かれ、たいへん幸せです」

と大沼さんは感謝している。

鹿島台神社は年々、参拝者も増え、近々に神殿を建て替える計画があるという。

天の倉に徳を積む

「父親が事業で失敗し、兄もまたぐにゃっとなって、どうして皆こうなるのか、とつくづく思いました。やっぱり、中心がないというのが一つの原因だったんです。根がしっかりしていなかったんですね。生長の家では、根が先祖といいます。幹が親で枝葉が子であると。根が切られていると、いくら大きく繋っていても、幹や枝葉はいつか枯れる。根が生活に必要な知恵や、アイデアをくれる供給源なんです」

先祖供養ができたとき、事業の流れも全く変わった。仕事が途切れても慌《あわ》てず、必ずくるという確信がもてるようになった。それどころか、冒頭で記した〈かき処理場〉や、栃木県那須の〈地産カントリークラブ〉などの大きな塗装工事も立てつづけに入ったのである。

平成四年の夏、会社に三十五、六歳の浮浪者ふうの男が「使ってください」と訪ねてきた。一度は断ったが、次の日またきた。その情熱に負けて使ってみることにした。それがすばらしい腕をもった塗装職人だった。今は地元の生長の家相愛会*会員としてばりばり活動しているという。

「土地を二つ持っているんですが、どうしても資材置場としてもう一つ欲しいと思っていたところ、土地を貸してくれる人が現れた」ということもあった。とにかくこの二年間、大沼さんの周辺では喜ばしいことがいろいろ起こった。一番驚いたことは、弟・力《つとむ》さん（40）の次男・幸二くん（6）のことである。

幸二くんは三歳になっても全くしゃべることができなかった。病院で脳波の検査を受けたが、どこにも異常がない。力さんは子供の将来を考えると目の前が真っ暗になった。その心労が長く続く。そんな折り、大沼さんの勧めで生長の家の教えにふれた。『生命の實相』を読んでいるうちに〈親に原因がある。家庭の不和や子に対する愛情が足りなかった〉ということがわかってきた。感謝の心で毎日、『甘露の法雨』を読み〈必ず言葉が出る〉と思いつづけた。そうしたらある時、突然、幸二くんが「お母さん」「お父さん」と話しだしたのである。今春、無事小学校に入学し、友だちもできた。

大沼さんは会社経営の傍《かたわ》ら、磯崎地区に「相愛会」を発足させ、その活動にも余念がない。自分たちだけが潤《うるお》うのではなく、なによりも人のためになることを優先しなければいけない、と考えている。

「天の倉に徳を積む、という言葉がありますが、一所懸命、自分の徳を積むことです。仕事にしても自分だけが儲かることを考えていたらダメです。〈与えよさらば与えられん〉とよく言われますが、人に与えることをやらないと。これは事業経営の黄金律ですね」

「私ね。結婚以来、女房に指輪とかネックレスを買ってやったことは一度もないんです。気持ちはありました。それでこの間、はじめて街《まち》で真珠のネックレスを買ってプレゼントしたんですよ」

つい口をすべらした。かたわらで、慎《つつ》ましい千恵子さんは、黙って微笑《ほほえ》んだ。

長女の京子さん(18)は、現在、生長の家青年会で活動しており、これから老人ホームなどの施設慰問をするブラスバンド部の結成の準備を進めているともいう。

「良い子供たちにも恵まれ、私も頑張らないといけません。土地は確保していますので、二、三年後には、事務所を新しくして、二階に生長の家の道場を造り、皆に利用してもらいたい、と思っています。一生かかって、すばらしい生長の家の教えを伝えていきたい、と決意しているんです」

固いスクラムを組み、それぞれが人のためにできることの、目標をもって生きているすばらしい家族の姿がそこにあった。

（平成五年七月号　取材／衣笠幹史　撮影／桜井永治）

＊生長の家相愛会＝生長の家の男性のための組織。全国津々浦々で集会が持たれている。

「苦しいときほど与えよ」と気付いて道が開ける

千葉県　会社員　菅野幸夫《すがのゆきお》さん（52歳）

どの職場にもある「上司との不仲」。だが、問題の根は思ったより深かった。それは、上司との関係にとどまらず、両親や先祖との関係にまで及んだ。祈りに導かれ先祖供養を始めた菅野さんに訪れた思いもかけない結末——

問題にぶつかったとき、それを他人のせいにして、怒ったり恨んだりするか、あるいは自分に原因があると認めて、自ら変わろうと努力するか、どちらの道を選ぶかで、人生は天と地ほどの差が開いてくる。今から七年前、菅野さんは、そんな〝運命の分かれ道〟に立っていた。ぶつかった問題というのは、職場の人間関係である。

医薬品メーカーに勤める菅野さんは、当時東京営業所に配属されていた。山梨、長野両県の営業を担当して十三年目の平成四年四月、やり手と評判の所長が赴任してくる。

菅野さんが四十五歳のときだった。

「自ら率先して動いて、評判どおり実力のある人でした。けれども……」

ウマが合わなかったと言えばそれまでだが、〝わが道を行くタイプ〟の所長のやり方に、菅野さんは素直に従うことができなかった。「任せてほしいところに口を出し、助けてほしいところは〝おまえに任せた〟と関わらない」というのが、課長であった菅野さんの〝そのとき〟の言い分。所長には所長の言い分があり、両者はいつまでも平行線をたどった。よく口論もした。

もっとも菅野さんは、相手ばかりを責めていたわけではない。むしろ、この状況は「自分の心が招いている」ということを承知していた。生長の家で「心の法則」を教えられていたからである。

「環境は心の影」

「人は、わが心を映す鏡」

「自分が変われば、相手が変わる」

といった言葉は、知識として頭の中にあった。ところが、いざ所長と向き合うと、それらは頭の中からきれいさっぱり消えてしまうのだった。

「真理は〝両刃《もろは》の剣《つるぎ》〟で、正しく理解しないで扱いを間違えると、相手も自分も傷つけてしまう。まさに、あの頃の私がそうでした。真理を知っているが故に奢《おご》りたかぶった気持ちがあって、所長を心の中で裁いていたんです。それが、ああいう態度になって現れたのだと思います」

温厚な笑みを浮かべて語る菅野さんから、その頃の姿は想像し難い。菅野さん自身、なぜそういう行動に走ってしまうのか、不思議でならなかったという。

「生長の家では、目上の人とうまくいかないのは、親に対する感謝の心が足りないから、と教えています。親を恨む気持ちが外界に投影されているのだ、と。しかし、私はそれがなかなか納得できなかったんです」

心に残る虚《むな》しさ

菅野さんは、五人きょうだいの末っ子。父親の秀雄《ひでお》さん（明治四十一年生まれ）は、若い頃、腸チフスにかかって生死をさまよったとき、生長の家の聖典『生命の實相』を

「与えよう、お布施をしよう、と考えたとき、ふと思い付いたのが、霊牌供養だったんです」と菅野さん

読み、立ち直ったという。菅野さんが生まれたときは、すでに両親とも生長の家を信仰していた。

両親のマネをして、幼い頃から仏壇の前で手を合わせていた菅野さんだが、中学生になると生長の家に無関心になった。大学を卒業後、現在の仕事に就いたとき、得意先の社長が信徒だったので、『生命の實相』全四十巻を購入して読み始めたものの、「まだまだ信仰しているとは言えない」状況だった。

昭和六十一年三月、菅野さんが三十九歳のとき、秀雄さんが他界する。

「母はその七年前に亡くなっていたのですが、親が二人とも、この世から去って、ひとり取り残されたような、そんな虚《むな》しい気分に襲われましてね」

母親の死後、兄と同居していた秀雄さんを、亡くなる一年前に訪ねたとき、一緒に風呂に入って背中を流してあげたのが、最後の思い出となった。

父親の四十九日が終わり、ゴールデンウィークも過ぎた頃には、平静を取り戻したものの、虚しさは相変わらず残っていた。時計をにらみながら、忙しく営業に回っていたのが、「俺は一体何をやっているんだ」という心のつぶやきが日に何度も聞こえるようになり、仕事にも熱が入らなくなった。

六月はじめ、甲府市内からも、きれいに富士山が望めるほど晴れ上がった日のことだった。取引先に車で向かう途中、道路脇の立て看板の文字が目に飛び込んできた。

「生長の家大講習会」

一週間後に甲府市で開かれる生長の家講習会*の案内だった。菅野さんにはそれが〝天の救い〟のように感じた。

「当時は谷口清超先生*がご指導されていましたが、講話の中で、放浪の旅に出た王子が乞食《こじき》同然になって帰ってきたとき、王様が〝よく帰ってきたね〟と喜んで迎え入れたという話をされたんです。それが、そのときの自分の姿と重なりまして、話を聞きながら、涙があふれてきました」

幼い頃、両親と一緒に『甘露の法雨』を誦《あ》げたこと、連れられて行った生長の家講習会での一日、会場内の熱気や、そのときの両親の嬉《うれ》しそうな顔などが思い出された。

二日後、出張先から自宅に帰ると、千葉県教化部に電話をして、近所で開かれている誌友会*を紹介してもらった。菅野さんは、その誌友会に毎月出席するようになり、本棚で埃《ほこり》をかぶっていた『生命の實相』を引っ張り出して、再び読み始めた。

その年の八月、夏休みを利用して参加した生長の家富士河口湖練成道場*での練成会では、教えられたことを大学ノートにびっしり書き込んで帰ってきた。しかし、そうして心の中に真理の言葉を注ぎ込んでもなお、虚しさは埋められなかった。

奥底で何かが引っかかっている。練成会で学んだ神想観を続けるうちに見えてきた、その抑圧されていた感情は、菅野さんをひどく悲しませた。

「末っ子の私は、両親にずいぶんかわいがられました。私は両親が大好きで尊敬していました。でも、それは表面上であって、心の底ではずっと親に反発し、反抗していたんです。中学に入って私が生長の家から離れたのも、恐らくそのせいだったんじゃないか、と」

だが、親に対する反発心がいつ芽生えたのか、なぜ反発するようになったのかは、皆目《かいもく》分からなかった。記憶をたどっても、浮かんでくるのは、かわいがられた思い出ばかりだった。

「解決できないまま、感謝できないままでいたから、所長が父親の代理として現れたんだと思います」

解決の道を祈る

二人の衝突は、菅野さんが転勤する平成六年九月まで二年半続いた。東北営業所の副所長としての栄転だったにもかかわらず、辞令をもらったとき、菅野さんは所長が厄介《やっかい》払《ばら》いをしたのだと思った。ただ〝喧嘩《けんか》別れ〟だったかというと、そうでもなかった。

十四年間担当し、自らも開拓した山梨、長野の得意先を滞《とどこお》りなく後任に引き継ぐため、口論を覚悟で、所長に通常の四倍もの交際費を請求したところ、「よし分かった」と二つ返事で承諾してくれた。

「やっぱり、これは自分自身の問題だったと、そのとき思いました」

しかし、その問題は菅野さんの転勤によってケリがついたわけではない。むしろ、それからが大変だった。

転勤に伴い、郡山市《こおりやま》の社宅に入居することになったが、子供の進学などの事情から、菅野さんは単身赴任の申請を出す。しかし、社宅の入居は「家族同伴」という規定があり、その申請は認められなかった。

最終的には翌年三月までの半年間の猶予を与えられ、承諾を得たが、期限の三月が来ても、家族を呼べる状況ではなかった。再三申請を出すものの、ことごとく却下《きやっか》され、人事部と一悶着《もんちやく》のあげく、とうとう「三月いっぱいに社宅を出るように」との厳命が下る。

平成七年三月三十一日の夜、菅野さんは荷物を車に積み込み、ビジネスホテルに転がり込んだ。窮余《きゆうよ》の策とはいえ、まるで〝夜逃げ〟だった。

先の目処《めど》が立たず、途方に暮れた菅野さんは、ホテルの部屋で神想観をした。会社が折れてくれるように願ったのではなく、神意に叶《かな》った解決の道を示してくれるように祈った。

一週間ほど経ったときだった。神想観の最中、「自分のことより、仕事を優先させるべきではないか」という思いが湧いてきた。仕事のことを第一に考えたら、道はいとも簡単に見つかった。「自分で部屋を借りればいいのだ」と。

四月半ば、菅野さんは郡山駅の近くに古い賃貸マンションを見つけ、契約した。

「千葉の家のローンもあるし、マンションの家賃に郡山での生活費、それに週末自宅へ帰るときの交通費も自腹《じばら》を切らなければならないので、お金が続くかどうか、心配だったのですが……」

妻の百合子さんに、「やりくりが大変だろうけど、やれるところまでやってみよう」と協力を求めると、「お任せ下さい」と力強い返事がかえってきた。

飢饉《ききん》のときほど托鉢《たくはつ》せよ

百合子《ゆりこ》さんの言葉に勇気づけられ、菅野さんは仕事に専念した。郡山での生活費も、できるだけ切り詰めた。

「食費を一日千円以下にするために、スーパーでの買物は閉店まぎわのタイムサービスをねらったり、だいぶ買物上手になりました（笑）。新聞もテレビもなかったけど、みじめだと思ったことはなかった。カネは無くとも、私には温かい家族がいる、そう思っていましたから」

生長の家の「心の法則」から言えば、これも自ら書いた人生のシナリオ。逃げずに引き受けようと、腹が据《す》わっていたのだった。

「一切万事、我《われ》から出て我に返る。自分で蒔《ま》いた種は、自分で刈り取らなければ……」

神想観と『甘露の法雨』の読誦《とくじゅ》を日課とし、笑顔と感謝を忘れず、「必ず良くなる」と堅《かた》く信じて、今度は良き想念の種蒔きをした。その芽が出るのを心待ちにしながら、辛《しん》抱《ぼう》した一年と八ヵ月。やがて生涯忘れることのできない平成八年十二月十六日を迎える。

その日は、菅野さんの五十歳の誕生日だった。

朝いつものように神想観をして、神の導きを得ようと意識を集中していると、こんな言葉が聞こえてきた。

「飢饉のときほど托鉢せよ」

〝あっ、これだ！〟と菅野さんはとっさに思った。

「谷口清超先生のご講話で聞いた言葉なんですが、誰もが米一粒たりとも手放したくない飢饉のときに托鉢するということは、皆が忘れてしまった〝与える心〟を呼び起こさせるんですね。それで、私も与えよう、お布施《ふせ》をしよう、そう思って、じゃあ具体的に何をしようかと考えたとき、ふと思い付いたのが、霊牌供養《れいはい》*だったんです」

「霊牌供養」とは、生長の家で行っている先祖供養のひとつ。紙の札一枚に一柱、「〇〇家先祖代々親族縁族一切之霊《いっさいのみたま》」あるいは「〇〇〇〇比古《ひこ》（比女《ひめ》）命之霊《のみことのみたま》」と書き、供養する。

菅野さんは、これまで行ってきた親族個人の供養とは別に、毎月五十枚、「先祖代々親族縁族一切之霊」の霊牌供養を始めた。五十枚にしたのは、五十歳の誕生日に因《ちな》んで。

「生長の家では『生命は生き通し』と教えています。また『子は親を選んで生まれて来る』とも言います。もし親に反発する原因が前世にあるとしたら、供養して先祖に感謝し和解したい、そう思ったんです」

所長は〝観世音菩薩《かんぜおんぼさつ》〟だった

「一念発起《ほっき》したわけですが、供養してもらう費用が一柱百円ですから、五十柱で五千円になるでしょう、経済的に苦しい時期に、家内が承知してくれるかどうか心配でした。週末、家に帰るとき、何と言って説明しようか、車の中でずっと考えたんです」

だが、話を聞いた百合子さんは、「あなた、よかったですね」と笑い、「私も両親の霊牌供養を、毎月五十枚させていただこうかしら」と言った。その費用がまた五千円。結局、二人分の一万円が〝お布施〟に当てられることになった。

「それからは、お金のことは全然気にならなくなりました。物質的に乏《とぼ》しくても、精神的には、どんどん豊かになっていきましたから」

夫婦で霊牌供養を行い、日毎に高まってきた感謝の気持ちは、先祖、家族から、友人知人、職場の仲間へと広がっていった。

霊牌供養を始めた平成九年の二月、前の営業所の所長が定年退職することを人づてに聞いた。彼にはもう何の恨みも抱いていなかった。申し訳ないことをしたという気持ちと、霊牌供養をするきっかけを作ってくれたことへの感謝の気持ちでいっぱいだった。

菅野さんは、その気持ちを正直に手紙に書いた。

「……どうか末永くご健勝で」

ペンを置いたとき、所長との問題が今ようやく解決したことを実感し、神に感謝した。

だが、実際はこれで終わったわけではなかった。神が用意していた結末は、菅野さんの予想を遥かに超えていたようだ。

平成十年一月、東北営業所の所長に就任、三月には社則が一部変更され、郡山でのマンションの家賃は、会社が全額負担してくれることになった。単身赴任が認められたので、自宅へ帰る交通費も支給され、経済的負担はたちまち解消された。

「〝与えよ、さらば与えられん〟というのは、本当ですね」

気が付くと、心の底に渦巻いていた、〝親に対するわだかまり〟は完全に消えていた。反発の原因は結局分からずじまいだったが、そんなことはどうでもよかった。不純物が取り除かれ、残ったのは、純粋な感謝の気持ちだけ。いまは「親を心から尊敬している」と胸を張って言える、それで十分だった。

「心を神に振り向ければ、そこには因縁《いんねん》も業《ごう》も存在しない。〝因縁因果《いんが》を超える〟のが生長の家の教えです。私が、そこから抜け出すことができたのも、もとはといえば、所長のおかげ。私にとって彼は〝観世音菩薩〟だったんです」

観世音菩薩とは、「世の中の音、即ち世人《せじん》の心の響《ひびき》を観《かん》じて、自在にその心の姿の通りに顕《あらわ》れて世を済度《さいど》する仏様」（谷口雅春著『幸福生活論』248頁、日本教文社刊）である。

さて、平成十年六月、手紙を送った所長から嬉しい便りが届いた。新たな事業を興し、元気でやっているとのこと。文面から浮かんできたその顔は、まさに観世音菩薩様のように、愛と優しさに満ちあふれていた。

（平成十一年三月号　取材／萩原英彦　撮影／遠藤昭彦）

＊生長の家講習会＝生長の家総裁、副総裁が直接指導する生長の家の講習会。現在は、谷口雅宣副総裁が直接指導に当たっている。
＊谷口清超先生＝生長の家総裁。
＊誌友会＝生長の家の聖典や月刊誌をテキストにして教えを学ぶ信徒のつどい。
＊生長の家富士河口湖練成道場＝巻末の「生長の家練成会案内」を参照。
＊霊牌供養＝お問い合わせは、最寄りの生長の家教化部、または、生長の家宇治別格本山まで。巻末の「生長の家教化部一覧」「生長の家練成会案内」を参照。

戦死した義兄の魂が喜んでくれたあの日のこと

愛媛県　主婦　永木美和子《ながきみわこ》さん（68歳）

義兄の永代供養の日、永木美和子さんは、見知らぬ女性から電話を受けた。その女性の話を聞くうちに、これは「義兄の魂が霊界から送ってきたメッセージ」だと思った。

主人の兄は、二十一歳のときに出征し、終戦の年に二十六歳の若さで戦死しました。亡くなった場所はシベリアともウラジオストクとも伝えられ、定かではありません。私が嫁《とつ》いだときは、すでに故人でした。写真でしか顔を拝見したことはありませんが、主人の話によると、家族思いの尊敬できる兄だったそうです。

平成元年、主人が定年退職した年の十二月に、生長の家の教化部で、義兄の永代供養*の申し込みをしました。宇治別格本山で行われる合祀祭《ごうしさい》は、毎月一日、十日、二十日でしたが、元日は行われないため、年明けの一月十日に供養していただくことになりました。前から気になっていたことがようやく実現し、私は肩の荷が下りたような気分でした。

生長の家では先祖供養の大切さをよく木にたとえて教えています。

「大地は神様、根は先祖
幹は両親、子孫は枝葉
枝葉に花咲き、よき果《み》を結ぶは
親に孝養、先祖に供養」

特に事故で亡くなられた方や戦死された方は、手厚く供養してさしあげるようにとのことでした。

平成二年一月十日、「今日は義兄を供養していただくありがたい日」と、朝から感謝の気持ちで過ごしておりました。すると、午前十時過ぎに電話がかかってきました。聞き慣れない女性の声でした。

「永木さんでいらっしゃいますか、清さんのお宅でしょうか?」

清というのは義兄の名前です。私は、思わず「はい、そうです」と答えました。

「先祖供養は、『永遠の生命』と出会える、心安らぐ一時です」と永木さん

「実は私は、清さんが出征する前、結婚の約束を交《か》わしていた者です」

はじめて聞く話に、さらにびっくりしました。お伺《うかが》いしたところによると、その方は義兄が戦地から戻ってくるのを待ち続けていたそうですが、両親が他の人との縁談を押し進め、あきらめざるを得なかったとのこと。戦死したことはご存知で、一度もお線香をあげていないことを、ずっと悔《く》やんでおられたようです。

「仏様を拝ませてください」

丁寧《ていねい》な口調で、近々来訪する旨《むね》を伝えられました。承知して受話器を置くと、ふと窓辺に気配を感じました。義兄にゆかりのある人から、思いもかけない電話をいただき、神経が高ぶっていたせいかもしれません。でも、とっさに私は義兄が窓のすぐ近くまで来て、「ありがとう」と声をかけてくださったのだと思いました。義兄の魂が喜び、霊界から知らせに来てくれたのだ、と。

大安心の境地

主人は義兄に許嫁《いいなずけ》がいたことを知っていました。その方は二月に訪ねて来られました。

歳は六十代でしょうに、若々しく清楚《せいそ》で、「こういう素敵な女性が、清さんのお嫁さんになる人だったのか……」と感慨を新たにしました。松山市から遠く離れた町へ嫁がれ、すでにお子さんも結婚されているとのことでした。時々、義兄のことを思い出しては、申し訳ないと、心の中で詫《わ》びていたそうです。

永代供養の日に、お電話をいただいたことを話すと、「そうでしたか」と頷《うなず》きながら、言いました。

「昨年の十二月の末頃から、しきりに清さんのことが思い出されて、毎日お経を誦《あ》げていたんです。そして、一月十日に、どうしても電話をかけたくなって……」

十二月末といえば、私が教化部に永代供養の申し込みをした頃です。その時点で、すでに思いが霊界に通じていたのでしょうか。

自作の短歌をしたためた短冊と、バレンタインデーのチョコレートを仏前にお供えし、ずいぶん長いこと手を合わせておられました。義兄との思い出話も聞かせていただき、「これで心が楽になりました。ありがとうございました」と頭を下げて、お帰りになられました。あとで短冊を拝見すると、達筆《たっぴつ》な字で、こう記されてありました。

結婚を約せし人をうらぎりし
　四十五年の罪にむせびぬ
こしかたの四十五年の罪をわび
　黄泉《よみ》なる人の安霊を祈る

義兄のことで、さぞかし苦しい思いをされてきたのでしょう。それからも、お彼岸《ひがん》とお盆には必ずお墓参りに来てくださるようになりました。きっと義兄の魂も喜んでおられると思います。

私は、生長の家で教えられた「生命は永遠に生き通しである」ことを、このときほど強く実感したことはありません。仏壇の前で、聖経『甘露の法雨』を誦げるのを日課としていたのですが、以前はお祈りするときも、「こうしてください」とご先祖様にお願いばかりしていたような気がします。それが、義兄の魂を身近に感じてからは、ただ感謝の気持ちで、ご先祖様に聞いていただくつもりで聖経を誦げるようになりました。

お墓参りに行っても、語りかけながらお掃除をしています。子供のこと孫のことなどを報告すると、喜んでくださっているな、と感じるんです。「いつもご先祖様に見守られている」との自覚は深まっていき、いまは大安心の境地におります。だから、たとえ困難にぶつかっても、恐れず、明るく前向きに対処することができます。

思えば、昭和二十八年、長女を出産したあと体調を崩し、下痢《げり》と熱に悩まされていたとき、近所の方から『甘露の法雨』をいただいたのが、御教えとの出会いでした。「人間・神の子、本来完全円満」と教えられ、その後、みるみる体調は回復し、以来、御教えとともに歩んでまいりました。

私たち子孫は、神様、ご先祖様から多大な御恩を受けています。その御恩に感謝の気持ちで応えるのが先祖供養であり、私にとっては、「永遠の生命」と出会える、心安らぐ一時なのです。

（平成九年八月号　取材／萩原英彦　撮影／中橋博文）

＊永代供養＝亡くなった御霊に対して、永く真理の言葉を誦し続け、その魂が解脱、向上することを祈願する供養。生長の家宇治別格本山で実施している。お問い合わせは、最寄りの生長の家教化部、または、生長の家宇治別格本山まで。巻末の「生長の家教化部一覧」「生長の家練成会案内」を参照。

手術中に見た光景で死なない生命を知った

神奈川県　横浜市防災機器販売協同組合常務理事　高橋《たかはし》　萬《よろず》さん（68歳）

十五年前のこと、高橋萬さんは全身麻酔による手術中、ふと気づくと手術を受けている自分自身の体を部屋の上から見下ろしていた。そして突然目の前の光景が変わり、自分を指導してくれる「守護霊」ともいうべき人物と出会う……。

昭和五十七年三月のこと。横浜市内の消防署に勤務していた高橋さんは、深夜、戸塚区内の農家が火事との通報を受け、指揮者として現場に急行した。火災現場は道路沿いの崖下で、車が下りられない場所だったため、崖縁にはえていた長い竹を掴《つか》んで滑り降りようとしたが、途中、足を取られて十メートル落下して脚を負傷した。

鎮火《ちんか》後、病院に運ばれたときには長靴が脱げないほど足は腫《は》れあがっていた。翌朝、レントゲン検査をした結果、足首骨折と診断され、一週間後に手術をすることになった。

「私は昭和四十年頃に『生命の實相』を読んでから生長の家を信仰するようになりましてね。いつもお守りとして『甘露の法雨』を携帯し、火災現場に向かう時にも『我が魂の底の底なる神よ、無限の力よ湧《わ》き出《い》でよ』と念じていたのに、こんなえらいケガをして手術することになって、なんとも情けないと思いました」

手術は全身麻酔で行われた。「この人は体格がいいから麻酔を多めにやろう」という医師の言葉を聞いたのを最後に意識がなくなった。

ところが不思議なことに、ベッドの上で手足を縛られ手術を受けている自分の姿を眺《なが》めている自分に気づいた。手術台の斜め二、三メートル上方あたりからだったという。

「空中にふわふわと浮かんでいるといった感じはありませんでした。ただ意識ははっきりしていて、自分の手術の様子を上から見ていたんです」

執刀の医師や看護婦が四人、さらに手術室の壁を隔てた廊下にいるはずの夫人や自分の姉の姿も、なぜかはっきりと見えた。そのうち医師の話し声も聞こえた。

「麻酔をやりすぎたかな、もしかしたら、ご臨終かもな……」

それを聞いた高橋さんは、急に寂《さび》しい気持ちになったという。

「後日思ったことなんですけど、医師がそんなことを声に出して言うはずがないと思うから、医師が心で思ったことが私の心に言葉として聞こえたのかもしれませんね」

肉体ではない

しばらく病室を眺めていた高橋さんの前に突如《とつじょ》、別の光景が現れた。そこは、障子を通してほんのりと明るい日本間のような部屋で、高橋さんは正座していた。目の前には和服姿のかなり年輩の人がいた。顔は光に包まれ、目鼻ははっきり分からなかったが、威厳のようなものを感じたという。その人物が高橋さんに語りかけてきた。

「あなたは手術の時、さもしい姿で手足を縛られ、喉《のど》には呼吸管を入れられ、ものが言えなくなり、そのうえ全身麻酔をかけられ絶体絶命のごとく観念してしまったが、しかしね、人間は決してそんなものではないんですよ。この世界の精神界というものは一つに統一されていて全体がみな連なっているのです。あの地球では、人間は肉体を持って別々に存在しているように見えるから精神も別々で、声が聞こえなければ他には通じないと思っているが、そうではないのです。心というものは皆通じ合っているのです」

「人間は肉体ではないと分かり、死の恐怖がなくなりました」と語る高橋さん

高橋さんはそう言われるまま「ああ、そうなんですか」と答えていた。

「言葉がすっと心に入ってきて、手術前の不安な気持ちがなくなり楽になりました。そこでの会話は一言一句、今もはっきり覚えているんです。その人が『あの地球では』と言った言葉が強く心に残っています。霊界なのか別の天体に行っていたのかわかりませんけど」

その人物はさらに話を続けた。

「あなたは奥さんに大変不満を持っていますね。奥さんがしょっちゅう家を空け、またその仲間と旅行に出かけたりすると、あなたは一人にさせられて寂しいため、その不満で奥さんに当たることが多いですね」

高橋さんの夫人は結婚後に舞踊を習い始め、稽古で土日も家を空けることが多かった。そんな夫人に対してグチをこぼすことがしばしばあったという。高橋さんは、生長の家で夫婦調和の大切さを教わっていたので、妻に感謝しなければと思いながらも、妻を心の中で裁いていた。

未知の人から心境を言い当てられた高橋さんは、「その通りです」と答えた。するとその人は続けた。

「奥さんがそのような行動をとっているのは、好きこのんでやっているのではないのです。あなたは、これまで奥さんに対して一日くらい留守をしただけでも不満に思っていますが、奥さんは自分がいなくても普通の気持ちでいられるように、あえて、そのような行動をして、あなたの魂を引き上げようとしているのです」

高橋さんは、なるほどと思い、「それでは私の妻は私を導く高級霊なのですか」と尋《たず》ねた。すると、その人は「その通りです」と回答した。高橋さんはうなずき「有難うございました」とお礼を言ったという。

高橋さんの記憶はそこで途切れている。麻酔から覚めたのは、手術が始まって四時間ほど経った後だった。高橋さんは「こんなにも親身に自分のことを考えてくれている人は守護霊に違いない」という気がして、目が覚めた時、付き添いの家族に「守護霊に会ってきた」と言葉をかけた。

高橋さんが見たこれらの光景は、今も脳裏にしっかりと刻みつけられているという。

その体験の後、高橋さんは霊界や守護霊の存在について興味をもつようになったと話す。

「一番変わったのは、死に対する恐怖感がなくなったこと。自分は肉体ではない。肉体を離れても本当の自分はなくならないということがわかりました。生長の家では『肉体本来なし、それは心の影である』とか『生命は肉体が滅んでも永遠に生き通し』とか言いますが、その体験をしてから、その教えは本当だったと思うようになりました。肉体はなくなっても、生命はなくなるわけではないし、永遠に魂の修行を続けていくものだということです。というのも、守護霊と、修行とか向上とかいった魂の問題を対話し、私は指導を受けた。死後もやはり魂の修行ということが大切な問題なんだと思います」

手術をして百日後に退院。その後、夫人に対する接し方が変わったことは言うまでもない。自分の魂を成長へと導いてくれているのだと思えるようになり、心の中で裁くこともなくなった。

「その体験の後、いつも守護霊に守られているという実感があります。心の世界では皆一つにつながっていて、心に思っていることは必ず通じるということが分かったので、先祖供養にも熱を入れています」

(平成九年八月号　取材/水上有二　撮影/堀隆弘)

●生長の家練成会案内

生長の家総本山……長崎県西海市西彼町喰場郷 1567　☎ 0959-27-1155

＊龍宮住吉本宮練成会……毎月１日～７日

＊境内地献労練成会……毎月７日～ 10 日（1・5・10 月は休会）

＊長寿ホーム練成会……（問い合わせのこと）

生長の家本部練成道場……東京都調布市飛田給 2-3-1　☎ 042-484-1122

＊神性開発飛田給練成会……毎月１日～７日

＊神性開発短期練成会……毎月第三週の木～日曜日

＊生き生き長寿練成会……（問い合わせのこと）

＊能力開発セミナー……（問い合わせのこと）

生長の家宇治別格本山……京都府宇治市宇治塔の川 32　☎ 0774-21-2151

＊神性開発宇治一般練成会……毎月 10 日～ 20 日

＊神性開発宇治短期練成会……　第１土曜・日曜を中心、金・土・日・月

＊神性開発宇治楽しく行ずる練成会……土・日を中心、２泊３日（問い合わせのこと）

＊神性開発宇治長寿練成会……（問い合わせのこと）

生長の家富士河口湖練成道場……山梨県南都留郡富士河口湖町船津 5088　☎ 0555-72-1207

＊神性開発富士山練成会……毎月 10 日～ 17 日

＊神性開発短期練成会……毎月末日～３日（問い合わせのこと）

＊自然体験練成会……毎月 17 日～ 20 日

生長の家ゆには練成道場……福岡県太宰府市都府楼南 5-1-1　☎ 092-921-1417

＊いのちのゆには一般練成会……毎月 13 日～ 19 日

生長の家松陰練成道場……山口県山口市阿知須字大平山 1134　☎ 0836-65-2195

＊松陰練成会……毎月　金・土・日（問い合わせのこと）

○奉納金・持参品・日程変更等、詳細は各道場へお問い合わせください。

○各教区でも練成会が開催されています。詳しくは各教化部にお問い合わせください。

○海外は「北米練成道場」「ハワイ練成道場」「南米練成道場」等があります。

宗教法人「生長の家」 〒 409-1501　山梨県北杜市大泉町西井出 8240 番地 2103

☎ 0551-45-7777（代表）

教化部名	所　在　地	電話番号	FAX 番号
静岡県	〒 430-0929 浜松市中区中央 3-10-1	053-401-7221	053-401-7222
愛知県	〒 460-0011 名古屋市中区大須 4-15-53	052-262-7761	052-262-7751
岐阜県	〒 500-8824 岐阜市北八ツ寺町 1	058-265-7131	058-267-1151
三重県	〒 514-0034 津市南丸之内 9-15	059-224-1177	059-224-0933
滋賀県	〒 527-0034 東近江市沖野 1-4-28	0748-22-1388	0748-24-2141
京　都	〒 606-8332 京都市左京区岡崎東天王町 31	075-761-1313	075-761-3276
両丹道場	〒 625-0080 舞鶴市北吸 497	0773-62-1443	0773-63-7861
奈良県	〒 639-1016 大和郡山市城南町 2-35	0743-53-0518	0743-54-5210
大　阪	〒 543-0001 大阪市天王寺区上本町 5-6-15	06-6761-2906	06-6768-6385
和歌山県	〒 641-0051 和歌山市西高松 1-3-5	073-436-7220	073-403-2460
兵庫県	〒 650-0016 神戸市中央区橘通 2-3-15	078-341-3921	078-371-5688
岡山県	〒 703-8256 岡山市中区浜 1-14-6	086-272-3281	086-273-3581
広島県	〒 732-0057 広島市東区二葉の里 2-6-27	082-264-1366	082-263-5396
鳥取県	〒 682-0022 倉吉市上井町 1-251	0858-26-2477	0858-26-6919
島根県	〒 693-0004 出雲市渡橋町 542-12	0853-22-5331	0853-23-3107
山口県	〒 754-1277 山口市阿知須字大平山 1134	0836-65-5969	0836-65-5954
香川県	〒 761-0104 高松市高松町 1557-34	087-841-1241	087-843-3891
愛媛県	〒 791-1112 松山市南高井町 1744-1	089-976-2131	089-976-4188
徳島県	〒 770-8072 徳島市八万町中津浦 229-1	088-625-2611	088-625-2606
高知県	〒 780-0862 高知市鷹匠町 2-1-2	088-822-4178	088-822-4143
福岡県	〒 818-0105 太宰府市都府楼南 5-1-1	092-921-1414	092-921-1523
大分県	〒 870-0047 大分市中島西 1-8-18	097-534-4896	097-534-6347
佐賀県	〒 840-0811 佐賀市大財 4-5-6	0952-23-7358	0952-23-7505
長　崎	〒 852-8017 長崎市岩見町 8-1	095-862-1150	095-862-0054
佐世保	〒 857-0027 佐世保市谷郷町 12-21	0956-22-6474	0956-22-4758
熊本県	〒 860-0032 熊本市中央区万町 2-30	096-353-5853	096-354-7050
宮崎県	〒 889-2162 宮崎市青島 1-8-5	0985-65-2150	0985-55-4930
鹿児島県	〒 892-0846 鹿児島市加治屋町 2-2	099-224-4088	099-224-4089
沖縄県	〒 900-0012 那覇市泊 1-11-4	098-867-3531	098-867-6812

●生長の家教化部一覧

教化部名	所在地	電話番号	FAX番号
札幌	〒063-0829 札幌市西区発寒九条12-1-1	011-662-3911	011-662-3912
小樽	〒047-0033 小樽市富岡2-10-25	0134-34-1717	0134-34-1550
室蘭	〒050-0082 室蘭市寿町2-15-4	0143-46-3013	0143-43-0496
函館	〒040-0033 函館市千歳町19-3	0138-22-7171	0138-22-4451
旭川	〒070-0810 旭川市本町1-2518-1	0166-51-2352	0166-53-1215
空知	〒073-0031 滝川市栄町4-8-2	0125-24-6282	0125-22-7752
釧路	〒085-0832 釧路市富士見3-11-24	0154-44-2521	0154-44-2523
北見	〒099-0878 北見市東相内町584-4	0157-36-0293	0157-36-0295
帯広	〒080-0802 帯広市東二条南27-1-20	0155-24-7533	0155-24-7544
青森県	〒030-0812 青森市堤町2-6-13	017-734-1680	017-723-4148
秋田県	〒010-0872 秋田市千秋北の丸4-50	018-834-3255	018-834-3383
岩手県	〒020-0124 盛岡市厨川1-15-14	019-681-2646	019-648-5530
山形県	〒990-0021 山形市小白川町5-29-1	023-641-5191	023-641-5148
宮城県	〒981-1105 仙台市太白区西中田5-17-53	022-242-5421	022-242-5429
福島県	〒963-8041 (仮事務所) 郡山市富田町字音路1-109-B-102号	024-951-2340	024-951-2361
茨城県	〒319-0209 笠間市泉887	0299-57-1320	0299-45-4533
栃木県	〒321-0933 宇都宮市簗瀬町字桶内159-3	028-633-7976	028-633-7999
群馬県	〒370-0801 高崎市上並榎町455-1	027-361-2772	027-363-9267
埼玉県	〒336-0923 さいたま市緑区大間木字会ノ谷483-1	048-874-5477	048-874-7441
千葉県	〒260-0032 千葉市中央区登戸3-5-1	043-241-0843	043-241-0809
神奈川県	〒242-0021 大和市中央2-2-2	046-265-1771	046-265-1773
東京第一	〒112-0012 文京区大塚5-31-12	03-5319-4051	03-5319-4061
東京第二	〒183-0042 府中市武蔵台3-4-1	042-574-0641	042-574-0642
山梨県	〒406-0032 笛吹市石和町四日市場1592-3	055-262-9601	055-262-9605
長野県	〒390-0862 松本市宮渕3-7-35	0263-34-2627	0263-34-2626
長岡	〒940-0853 長岡市中沢3-364-1	0258-32-8388	0258-32-7674
新潟	〒951-8133 新潟市中央区川岸町3-17-30	025-231-3161	025-231-3164
富山県	〒930-0103 富山市北代6888-1	076-434-2667	076-434-1943
石川県	〒920-0022 金沢市北安江1-5-12	076-223-5421	076-224-0865
福井県	〒918-8057 福井市加茂河原1-5-10	0776-35-1555	0776-35-4895